小説

地球万華鏡

Ryuho Okawa

大川隆法

小説　地《ち》球《きゅう》万《まん》華《げ》鏡《きょう》　目次

ドロップ・アウト

（一）

日光精舎館長《にっこうしょうじゃかんちょう》・小泉清源《こいずみせいげん》が、その存在に気づいたのは、もう梅雨《つゆ》も終わりかけていた頃だった。

雨がしばらく続いていたため、精舎《しょうじゃ》の裏庭を流れる小川は濁《にご》っていた。

清源は、近頃テレビのニュースで、伊豆《いず》・熱海《あたみ》で大雨による土石流《どせきりゅう》があり、百年に一度の災害と言われることを知っていた。何でも濁流《だくりゅう》にのまれて、十人以上が死亡し、二十名ぐらいが行方不明《ゆくえふめい》らしい。

雨はこれで終わりではなく、鳥取、島根、広島、鹿児島、熊本と線状降水帯《せんじょうこうすいたい》が、大規模な洪水を起こしている。秋田の方も洪水らしい。

清源は、広島と熊本に何度も洪水や地震の被害が起きているのを不信感を持って考えていたし、富士山のふもとにまで大災害が見舞うとは、異常性《いじょうせい》を感じざるを得なかった。

「やはり、日本の大神《おおかみ》が怒っておられるのかな。」

確かに時の総理は、恒例《こうれい》の一月四日の伊勢神宮の閣僚との参拝は取りやめたので、天照大神《あまてらすおおみかみ》が、何らかの地震を起こすのではないかと考えてはいた。清源のような宗教家からみれば、コロナ・ウィルスが全国に蔓延《まんえん》している年だからこそ、内閣総理大臣以下、襟《えり》を正して伊勢神宮に参拝して、国土と国民の安寧《あんねい》を祈念すべきなのだ。

しかし、と小泉清源は考え込むのであった。右のコブシをアゴの下にあてながらである。

「『伊豆・熱海』ということは、富士山まで怒っているということではないか。とすれば、天御祖神《あめのみおやがみ》が、とうとう日本国民の不信仰に対して、業《ごう》を煮《に》やしたということもありうる。」

「なあ、そうだろう。」

清源は、小川の近くの草の上に、正座《せいざ》（？）して彼を見上げているその存在、二十センチメートルばかりの赤茶《あかちゃ》けた生き物に呼びかけた。

（二）

その小さな生き物は、ノドを三、四回ふくらましたり、引っこめたりしながら、清源の眼を見上げると、

「そうなんですよ、館長。問題なのは信仰心なんです。」

と答えた。いや、正確に言えば、そのように答えたように、清源の耳には聞こえた。

おそらく他の人々が聞いたらただ「ゲコゲコ」と鳴《な》いただけで、清源の独り言《ひとりごと》にしか聞こえなかったろう。

清源が日光精舎の館長になってから、もう十年にもなる。年齢《とし》も還暦《かんれき》を過《す》ぎ

た。日光精舎は、ある大きな宗教団体の瞑想《めいそう》研修所の一つであるが、「八正道《はっしょうどう》」研修の中心でもあるので、霊性《れいせい》が高まると、人気《にんき》がある。

実は清源自身も、悟りを開いて霊能者となっているので、参禅してくる人たちには尊敬されてもいる。

「それにしてもじゃ。日光精舎で、何度も『真説《しんせつ》・八正道』研修を受けたお前が、今、ひき蛙《がえる》となっているとは一体何事じゃ。一体何たる悪さを働いたのじゃ。」

ひき蛙は、一瞬、身をすくめたが、すぐに言葉を切り返した。

「いえ、私は、人殺しはしていません。強盗《ごうとう》も泥棒《どろぼう》もしていません。強姦《ごうかん》も強制猥褻《きょうせいわいせつ》もしていません。」

「そんなはずはない。何か神仏への罪を犯《おか》したはずじゃ。」

ひき蛙は、答えて言った。

「私は全く無実、清廉潔白《せいれんけっぱく》です。ただ、人間がある朝ポックリと死んで、まさか蛙なんかにすぐ生まれ変わるなんて信じてなかったのは本当です。インドの説話《せつわ》にはありますが、昔のことと思っていました。」

清源はアゴヒゲを左手でなでながら、蛙をにらみつけた。

「おまえは妄語戒《もうごかい》を犯したじゃろう。つまり、自己中で、自分を守るためなら平気で嘘をついて、人を裏切《うらぎ》り、他人からの好意は全て自分をおとしいれる陰謀《いんぼう》だと考えたじゃろう。そして慢心《まんしん》して、自分は日本一頭がいいと思っとったんじゃないか。」

（三）

ひき蛙はもっともっと弁解《べんかい》したかった。ただあたりには、ゲコゲコゲコという声がなり響いているだけだった。

突然、右側の草むらから、二メートルぐらいの青大将《あおだいしょう》がニョロニョロと出て来た。

清源は蛇に言った。

「何者《なにもの》じゃ、おまえは。」

「はい、実は、私も仏法真理《ぶっぽうしんり》の勉強をして、立派な尼《あま》になろうとしていた者です。この人を転落から救おうとして、自分の欲を断ち切って、結婚する約束をしたものです。しかし、この人は、一週間もしないうちに姿を消してしまいました。全国の神社仏閣を探し廻《まわ》りました。

そうこうするうちに、自分が地面をはっていることに気づきました。全身がウロコにおおわれるなんて初めての経験です。阿弥陀様《あみださま》に、祈りに祈っていると、この小川に流されてこの草むらに着いたところです。」

清源は、青大将にも質問した。

「お前は、本当に純愛《じゅんあい》に生きたのか。」

青大将は、「はい。」と答えた。

「しかし、」と言って清源は一つせき払いをした。

「何らの心の罪もない人間の女性が、すぐ青大将になるはずはない。何か、恨《うら》みや嫉妬《しっと》の心、怒りの心、高まりすぎた性欲《せいよく》があったはずじゃ。」

青大将は少し鎌首《かまくび》を持ち上げた。首の内側《うちがわ》が、近づく夕暗《ゆうやみ》の中で悲しそうに白く光った。そしてその口からは二又《ふたまた》にわかれた赤い舌が、ペロペロと出た。

「その方は、私と結婚すると言われる前に、結婚やかけ落ちの話で、五人以上の女性をだましていたのです。そして『きもい、きもい。』と百回も言われたために、しゃべれない、ひき蛙になってしまったのです。人間界に戻るためには、百回『かわいい、かわいい。』と言われなければならないのです。でも、みにくい、ひき蛙に、『かわいい。』と言って下さる方はいないでしょう。」

「だから、これが阿弥陀仏《あみだぶつ》の最後のお慈悲《じひ》です。」

そう言い終わるや否や、青大将はバタンと、ひき蛙の上に襲《おそ》いかかった。

ひき蛙は、野球のボールのように、ゴクゴクと呑《の》まれながら、幸せに皮膚《ひふ》が溶《と》けていくのを感じた。そして青大将は、また草むらに姿をかくした。

小泉清源は、「色欲《しきよく》一本でも難しいか。」とつぶやいたあと、足元の小石をひろい上げて、小川に投げこんだ。

「ジャブン」という音がして、彼は返道《かえりみち》を引き返しはじめた。

「夕食には、蛙も蛇も出んじゃろう。精進《しょうじん》料理で十分かな。」

そして夏の日がとっぷりと暮れた。

ある日の閻魔大王《えんまだいおう》

（一）

お盆《ぼん》が近づいてくると、毎年、閻魔大王《えんまだいおう》は少々不機嫌《ふきげん》になる。

「毎年毎年、仕事が増えてくる。ワシの仕事だけで一日三百件《けん》はある。それにどいつもこいつも、わからず屋ばかりで、以前より説得に時間がかかる。ウーム、いわゆる『イノベーション』が必要な時じゃな。」

右側で、立てひざ姿で控《ひか》えていた赤鬼《あかおに》が、鉄棒を二、三度床《ゆか》に当《あ》てながら、

「そうでガス。そうでガス。」と二度頷《うなず》いた。

何しろ、来る人、来る人、閻魔庁《えんまちょう》の存在も知らなければ、閻魔大王の恐ろしさも、赤鬼、青鬼、黒鬼の存在も知らないのだ。まるでディズニーランドのア

トラクションの一つ、「お化《ば》け屋敷《やしき》」にでも来たと思っているのだ。それより、もっと腹立《はらだ》たしいのは、自分が死んだということに納得《なっとく》しないのだ。なかには、生意気《なまいき》にも、自分は「空《くう》」だ「無《む》」だと逆《ぎゃく》ギレするやつがいることだ。だが、こういうやつらは少しは宗教をかじっている。もっと困るのは、「不可知《ふかち》論《ろん》」「エポケー（判断中止《はんだんちゅうし》）」、「科学的に証明できない。」と言ったり、「スマホを貸《か》してくれませんか。」と言い放《はな》つやつらだ。「魂《たましい》とはＤＮＡだ。」とか、「心は、脳と神経をつなぐ電気作用だ。」と言うやつもいる。

先日は、黒い法衣《ほうい》を着て、本物《ほんもの》のエンマ様かとだまされそうになった人物がやってきた。地上で裁判長をやっていたとのことだったが、「霊」も、「魂」も、「天国」も、「地獄《じごく》」も、憲法にも、他の法律にも規定《きてい》されていないので、「法《ほう》治国家《ちこっか》」においては、「概念《がいねん》」としては存在しないとのたまうのだ。「赤鬼」や「青鬼」も民俗学《みんぞくがく》の分野なので、自分は認定しないとおっしゃる。

閻魔大王が、「血の池」「針の山」「焦熱《しょうねつ》地獄」「寒冷《かんれい》地獄」などの説明を始めると、腹をかかえて笑い出す輩《やから》も出てくる。ということで、大王も最近ではめっきりやる気がなくなり、髪の毛をとがらせて、サングラスをかけ、アロハシャツを着て両手では硬式テニスのラケットをいじっている。

机の上には、硬式テニスの黄色いボールがカゴにリンゴのように盛ってあり、相手の行き先を決めたら、サーブを打つ要領で、バカヤロウの顔面にボールをしたたかに打ちつけ、「○○地獄」と一言いうだけになったのだ。

(二)

春先に赤鬼が大王に出した「地獄イノベーション計画」には、「東大の医科研の構内には、大きな桜の名所があるので、その地下に、新式の病院型地獄を造ってはどうか。」というのがあった。大部屋一杯にベッドを並べて、入院服を着させて、点滴型機械《てんてきがたきかい》を数珠《じゅず》つなぎにして、甲《こう》の血液を抜いて乙《おつ》の点滴《てんてき》にし、乙の血を抜いて、丙《へい》の点滴にし、これを無限に続けていくのだ。これだと病院で死んだ人には分かりやすいし、「血の池地獄」と「針の山」の現代化にも成功するし、「阿鼻叫喚地獄《あびきょうかんじごく》」も「創造」できるから、一石三鳥《いっせきさんちょう》ではないか、というのがその趣旨《しゅし》である。

大王も、「桜の木の下には死体が眠っている。」という小説を読んだことがあり、身を乗り出して、「やってみよう。」と同意した。何せ一日三百件もの判決を出す、速断速決《そくだんそっけつ》の名人だ。現代型実験地獄は出来上がった。医師や看護師《かんごし》に扮《ふん》した赤鬼、青鬼、黒鬼らが、患者（?）をおどして歩いたものだ。

（三）

だが結果は悲惨《ひさん》なものだった。誰一人《だれひとり》、自分が死んだことに気づかないのだ。永遠に入院したまま治療《ちりょう》を受けていると信じているのだ。

無間《むけん》地獄にまっさかさまに堕《お》ちた、東大の印哲《いんてつ》の名誉教授などは、自分は照明を暗くした特別室に入院しており、「これが、あの『涅槃《ねはん》』ですね。」と言っている状態なのだ。

大王はあえいだ。「肉体と魂の違いが分からない時代が来たとは。」

黒鬼がなぐさめた。「大王様、センター試験や共通テストなるものに、天上界も地獄も出ないのですよ。無神論《むしんろん》・唯物論《ゆいぶつろん》で科学的、実証的《じっしょうてき》、論理的《ろんりてき》な答案を書けば、就職にも有利なんですよ。」

大王は、しばらく腕組《うでぐ》みしたあと、「もう説明は不要だ。肉体《にくたい》しか認識できないなら、肉体で天国地獄を冷暖自知《れいだんじち》してもらうしかあるまい。」

（四）

かくして閻魔庁《えんまちょう》は、人手不足《ひとでぶそく》と事務処理《じむしょり》の迅速化《じんそくか》のため、久々《ひさびさ》に、古典的地獄を取り入れることにした。

赤鬼「大王様。東大を全優で卒業したと豪語《ごうご》している若い男が、脅迫《きょうはく》メールふうのラブ・レターで『結婚してくれ（やらせてくれ）。』と言っては、次々と『キモイ。』を連発されて憤死《ふんし》したそうです。」

大王「雨蛙《あまがえる》にでも転生《てんしょう》させておけ。」

赤鬼「もし『カワイイ。』という人が出て来たら、人間界に戻ることもありえるそうですが。」

大王「なら、みにくい、ひき蛙にでもしておけ。」
赤鬼「最後に求婚された女が、身もだえして苦しんでおりましたが、先ほど大
量に鼻血《はなぢ》を出してポックリ往《ゆ》きました。」
大王「青大将《あおだいしょう》にでも転生させておけ。」
ということで、唯物論化した時代には、瞬時《しゅんじ》に、現代風畜生道《ちくしょうどう》が発生したと
のことであった。

ある朝、妻が美人女優になりまして…

（一）

いやあ、まことにもったいないことだ。六十五歳まで、信仰一本で押し通したらご利益《りやく》がありましたかな。

私、大山雄法《おおやまゆうほう》は、三十年ほど前には、日本人の九十％は知っているといわれた人気宗教家でした。

ところが十七年ほど前に大病になりましてな。医者から、今日《きょう》、明日《あす》の命と言われました。なにせ、冠状動脈《かんじょうどうみゃく》が三本全部《ぜんぶ》詰《つ》まっており、心臓の下部はもう収縮《しゅうしゅく》しておりませんでしてな。東北の医者の娘であった最初の妻は、早々と父親（私のこと）の死亡宣言を五人の子供たちに出してしまいましたな。誤報《ごほう》とは思いたいが、入院先の医師が今夜は越せないと言った時、翌日から、再婚の婚活《こんかつ》に入《はい》ったそうな……、うわさですがね。翌朝たまたま私が朝食時に生きていたので、担当医は、「アメリカで心臓移植《しんぞういしょく》するしか助かる方法はない。」とか申しましたかな。当の本人は、十日か二週間で退院するつもりだったので驚きました。妻が今度は、二代目教祖になる準備を始めるというので、その鬼神《きしん》の如《ごと》き才覚《さいかく》に、ただただ恐れ入ってました。

もともと一回デートしただけで、コーヒ一杯で結婚の約束をして、履歴書《りれきしょ》まで書かされた私ですから、自分の才覚一つで教団もできたものと思い込《こ》んでいたのでしょうな。彼女はね。八年後、上の男女二人が大学に入り、次男、三男が有名中高一貫校にいて、一番下の娘が中学に入学したのを機に双方とも申し立てで離婚になりましたな。

その年の瀬に、秘書役をしていた、遠藤詩穂《えんどうしほ》と銀座に買物に行きましてな。「フルラ」という店で小物を買った後、地下の小さなカフェでお茶を飲みながら、「結婚しようか。」と小さくささやいたら、彼女が「ハイ。」と言ったので、私は五十六歳で再婚しました。二人目の妻《さい》は、元・日銀に勤めていたので、「日銀総裁は週五日出勤する。」が口グセで、いや、間違えた、彼女の守護霊の口グセで、二十七歳の彼女に、九年間、よく働かせてもらいました。おかげで今は説法《せっぽう》三千三百回、本は、三千冊近く出し、霊言《れいげん》・リーディングも千二百回を超えました。「内助《ないじょ》の功《こう》」は、それはそれは、頭が下がるものでしたな。

ところが、ところが、ある朝のこと……。

（二）

目が覚めてみると、左側のベッドで熟睡《じゅくすい》しているはずの家内《かない》が、椅子《いす》にボンヤリとすわっておりましてな。窓際《まどぎわ》の白いレースのカーテンから朝日が射《さ》し込《こ》んでいました。そこには、またまっ白のピアノがありました。私は指で両眼《りょうめ》をこすりながら、美人女優の深瀬《ふかせ》すずが、ピアノを弾《ひ》き始めるところを目撃《もくげき》することになりました。『青色《あおいろ》の地球《ちきゅう》』という曲をハミングしながら、すずちゃんが、うれしそうに演奏している様子《ようす》じゃった。直接お会いしたことはありませんでしたが、すずちゃんの守護霊霊言本を出したこともあるので、心の距離《きょり》は近いな、とは思ってました。

家内が私の方を振りむくと、「今、日本霊界《れいかい》は狐《きつね》の霊力が強くなりすぎたので、狸《たぬき》霊界に喝《かつ》を入れるべく、四国は阿波徳島に里帰りして、金長狸《きんちょうだぬき》、次郎長狸《じろちょうだぬき》を中核として、強化合宿《きょうかがっしゅく》をやりたい。」とのことでした。宗教活動としては、し・・・ごく当然のことでしょう。

ということで、家内の留守中、深瀬すずちゃんに、奥さん代理を頼んでおいたので「よろしく」とのことじゃった。

「よろしく」といわれても、もはや老境《ろうきょう》に入った私、大山雄法《おおやまゆうほう》は、何をどうしたもんやら分かりかねました。

ということで、二十二歳ぐらいの有名美人女優さんが、急に奥さん代理をやってくれることになったんじゃ。

すずちゃんは、家《うち》のリビングに、あちこちに「深瀬すずポスター」を張ったり、「深瀬すずカレンダー」を置いてあるのを見つけました。

「いやいや、それは、その、芸能事業《げいのうじぎょう》もやっていて、映画も私は創ってるんじゃ。それで女性タレントの生霊《いきりょう》がよくやってくるので、お祓《はら》いのために飾ってとるんですよ。」と冷や汗をかきながら私は答えた。

すずちゃんは、「了解《りょうかい》です。でも本物の方がいいでしょう。」とニコッと笑った。

私は悟りを開いた六十五歳の宗教家だ。心に何の迷いもあるはずがない。しかし……。

すず「ねえ、寝室にベッドが二つってダサイじゃない。外人サイズのダブル・ベッド一つに今晩《こんばん》から替《か》えますからね。」

ウムム……。何というド直球《ちょっきゅう》だ。若くして成功したのは、この勇気と速断力《そくだんりょく》だったか。

すず「宗教家っていっても、映画も創るし、作詞作曲もされるし、小説も書かれるんですから、女優の私もお手伝いできることはありますよね。」

私としては「ハイ。」と答えるしかない。

すずちゃんは次に私のスケジュールをたずねた。

三十歳の長女の咲夜《さくや》が、ほぼ実務は廻《まわ》しているので、私には仕事のスケジュールはない。

「まあ、霊のインスピレーションのままじゃよ。」

「急に説法したくなったり、作詞作曲したくなったり、突然に編集部から原《げん》稿《こう》・ゲラが上がってきたら、校正《こうせい》したり。」

「合い間に散歩したり、映画を観たり、お茶を飲んだり……。」

すず「それなら私が企画を立てるわ。『大山雄法ニューヨーク恋物語ファイナル』というドキュメンタリ映画を創りましょう。新婚旅行も兼《か》ねていいんじゃない。じゃあ、明日、出発ね。」

おお、何という行動力。企画書も一時間で作成するという。こうして、あっという間にニューヨークでの撮影《さつえい》兼新婚旅行（？）が終わった。私は夢見ごこちで、帰りの「ボーイング777」に乗り込んだ。

（三）

飛行機の中では、すずちゃんは大体映画を観ていた。
私は窓の外をボンヤリ眺めていた。
すると二十メートルぐらいの光り物がスーッと近寄ってきた。
雄法「おお、ヤイドロン機か。警備ご苦労。」
ヤイドロン「私は詩穂《しほ》奥様にやとってもらってます。今日は、あなたを緊急逮捕《きんきゅうたい》
捕《ほ》することになりました。」
何せ、相手は宇宙人だ。何を考えているやらわからん。

いつの間にか私は、UFOの中にいた。

次に気がついた時には、月の裏側で、シャベルで穴を掘っていた。いくら掘っても水が湧《わ》いてこない。私は一体何をやっているのだろう。

(四)

草津開拓支部長の赤鬼太郎《あかおにたろう》が、警察と病院の双方からほぼ同時に電話を受け取った。

夜間に老人が、露天温泉《ろてんおんせん》に突然ドボンと飛び込んで泳ぎ始めたんだが、湯の熱さが43度もあったため、失神《しっしん》したらしい。どうもその風貌《ふうぼう》には見覚《みおぼ》えがある。

お宅の大先生ではないか、というのである。

一人の私は、月面で土をシャベルで掘っており、もう一人の私は、草津温泉で殿様《とのさま》ガエルのように茹《ゆ》だっていたとは。

そうすると、この文章を書いている私は一体何者なんだろう。

「しまった。認知症《にんちしょう》についての説法はまだしてなかったな。」

そこまでは意識が残っている。

ああ、遠くから、『青色の地球』というピアノ曲がかすかに聞こえてくる。

詩穂《しほ》は、狐軍団《きつねぐんだん》に勝ったのか。すずは、無事、ニューヨークから日本に帰れたのか。

「何かうわ言《ごと》を言ってますね。」

病院の医者がにくたらしい青鬼に見えてきた。

（注）この原稿を読んだ「深瀬すず」の守護霊は、自分が、かつて、私が「エローヒム」と呼ばれた時代に、エローヒムの娘として生まれた「セムローゼ」という名前だったと語った。なんだ父娘だったのか、という残念感とも、安堵《あんど》感ともつかぬ感情が湧いた。

（大山雄法談）

霊《れい》界《かい》への目覚め

（一）

身《み》の上話《うえばなし》を少しばかりするとしよう。私が霊界《れいかい》に縁《えん》を持つことになった事情である。あれこれの本に少し書き散らしたかもしれないが、簡単にまとめておきたいのだ。

幻想的《げんそうてき》な記憶《きおく》は、小学一年生の頃、六歳の時分《じぶん》だった。春の四月頃、私はまだ母の布団《ふとん》の右側でそい寝してもらっていた。

母はすぐに寝つけない体質だったようで、枕元《まくらもと》で本をしばらく読んでいた。おそらく町内の巡回文庫《じゅんかいぶんこ》から借りたものだと思う。なぜ六歳の私に、本の題《だい》名《めい》が読めたのかは分からない。しかしその本が『雨月春雨物語《うげつはるさめものがたり》』だったことは、はっきりと憶《おぼ》えている。母は毎晩《まいばん》少しずつ音読《おんどく》してくれた。柳《やなぎ》の木の下に女の幽霊《ゆうれい》が立っている挿《さ》し絵《え》が画《か》いてあった。母は幽霊の説明はしなかった。しかし不思議なことに、猫柳《ねこやなぎ》の話をしてくれた。その後も、河原《かわら》で、すべすべした柳の芽をさわるたびに、私は『雨月春雨物語』を思い出した。私にとっては、幽霊話は恐くもなんともなく、母が本を読んでいたことと、猫柳の記憶をつなぐだけだった。

その年の夏には、吉野川に流れ込む小川《おがわ》の岸辺《きしべ》の竹やぶで、幻想的《げんそうてき》に光りながら飛びまわる源氏蛍《げんじぼたる》を、父とウチワで軽く打ち落としては、かごに入れて、家まで持って帰った。畳《たたみ》の寝室には、まだ蚊帳《かや》がつってあった。もちろん蚊除《かよ》けのためである。その蚊帳の中で、何匹か放《はな》った源氏蛍が光を点滅《てんめつ》しながら、飛んでいる姿は、何ともいえない風情《ふぜい》で、その後《ご》も、こんなぜいたくは、したことがない。

小学校四年生になると、夕食後は、離れの家に行って、一晩を明かすことになった。土日は日中も離れの勉強部屋にいることが多かった。昼寝していて、夕方、影のような黒い二本の腕で胸を押しつけられる金縛《かなしば》り現象《げんしょう》を体験《たいけん》した。五分ぐらい苦しかったが、右回転して、畳の上にころげ出すと金縛りは解けた。

(二)

幽体離脱《ゆうたいりだつ》体験を最初にしたのは、たぶん小学五年生の秋祭りの頃だろう。中学生をリーダーにして、私と私の遊び仲間数人は、川島神社の御神輿《おみこし》をかついで、町内を回った。ある家の前に止まると、「サーセ、サーセ」と神輿を上下に動かす。すると、家の人が出て来て、千円札ぐらいをちょうちんの中に入れてくれるのである。都会《とかい》でやっているハロウィンに似ている。本当は私は選ばれて、屋台《やたい》に乗って、太鼓《たいこ》をたたく役のはずだった。法被《はっぴ》を着て、白いお化粧《けしょう》をして、ねじりハチマキをする目立つ役に引っぱられて、一ヶ月前から、太鼓をたたく練習をしていた。しかし、私をいつも車で迎えに来ていた青年会議所の兄《あん》ちゃんが、神社前の交差点で、交通事故を起こして、急に死んでしまったので、私は、名誉のある役を失って、神輿かつぎに切りかえたのだ。

祭りの夜、急に発熱した。私は三十九度を超えて、四十度近い熱を出したのだ。天井から氷《ひょう》のう・・を垂《た》らし、頭の下には氷枕を敷いて、必死で熱を下げようとしていた。何でも医者が、四十度を超すと死ぬと言ったので、両親とも大変心配した。

私の魂は肉体を抜けて地底深く降りて行った。透明なエレベータに乗っているようで、溶岩《ようがん》がまわりに見え、所々《ところどころ》に、焦熱地獄《しょうねつじごく》などがあるのが見えた。私は地球の中心まで来て止まった。さあ戻れない。本当に困った。

やがて戻るのをあきらめて、地球の中心から反対側に出てみようと考えた。そうすると私の幽体はまた動き始めた。たぶんアメリカ合衆国側の地面から、ボコッと地表に出た。それから空中を飛んで日本に帰って来た。

五十年後、スーパーマンの映画で、ワールドエンジンで地球を貫通するシーンを観た。私が経験したものとあまりにも似《に》ていた。

一年ほど前、娘夫婦が、川島神社にお参りして、神社の御祭神《ごさいじん》が、天之日鷲《あめのひわし》之命《のみこと》であることをつきとめた。私の父、善川三朗《よしかわさぶろう》の過去世《かこぜ》の一つで、高越山《こうつさん》の御祭神でもあったのは、何とも不思議だった。

（三）

小学生時代の不思議な体験としては「犬神《いぬがみ》」のことを書いておかねばなるまい。ある日、母が近所の長屋《ながや》に一人で住んでいるK婆《ばあ》さんが犬神ではないか、と言い出した。お正月に、川島神社の鳥居《とりい》をくぐったとたん、四《よっ》んばいになって参道《さんどう》を登りはじめたのを近所の人が見たというのだ。しかも、近所の農家《のうか》の嫁《よめ》が赤ちゃんを抱《だ》いていると、その赤ちゃんを「カワイイ」「カワイイ」と言いながら、自分の手で抱いて首筋や腕を歯がみし始めたというのだ。

父は、讃岐《さぬき》（香川県《かがわけん》）の「猿神《さるがみ》」、阿波《あわ》の「犬神《いぬがみ》」、伊予《いよ》（愛媛県《えひめけん》）の「蛇神《へびがみ》」が有名だと解説《かいせつ》してくれた。

母の実家は、徳島市西部にあるが、その左隣《ひだりどな》りの家の婆《ばあ》さんも、犬神（たぶん犬神憑《つ》きのこと）だと母は言った。その家で何か食物を食べたり、もらったものを持ち帰って食べるとその人も犬神になるという。ある時、母の母、つまり私の祖母がお隣りから犬神をもらったらしい。夜中に発熱した。そこで祖母は、娘に命じて、その犬神の家の雨どいから雨の滴《しずく》が落ちるところの石を何個か取って来させた。そして七輪《しちりん》の上に金網《かなあみ》を置いて、炭火で石を焼き続けたらしい。すると、隣の婆さんが、「熱い、熱い」ともだえながら苦しみ始めたというのだ。そうして祖母は、犬神を追い払った。母の妹（叔母《おば》）も明け方に犬の歯のかみあとがいくつも体についていたらしい。

川島町の犬神婆さんと関わると、やはりその人も夜中はうなされ、朝起きると、手足や首、背中に、犬の歯形が、物理的についていたのだという。たぶん動物霊だろうが、人々の恐怖心から「神」がついて、「犬神」となったのだろう。

それから、十三、四年経ったころ、私は東京の総合商社の赤坂本社で、また犬神に遭遇することになる。私より十数歳年上の中年男性だが、なぜか課の人に嫌われて村八分状態になっていた。嘘つき、ごまかしの名人で、その人とゴルフをすると、スコアをごまかすとか、近くにいると物がなくなるというのだ。確かに犬っぽいが、犬神が二十数体憑《つ》いていて、これには困って、私もその人との交際は、二ヶ月ぐらいで打ち切った。

（四）

そうそう、これも小学校時代に父から聞いた話だが、狸《たぬき》の話もしておこう。

父は三十歳頃、離れの家の一階を使って「四国製針株式会社」をつくって、社長になった。当時はミシンの針などの需要《じゅよう》があったのだろう。しかし事業は三年ぐらいでつぶれて、私が0歳児だった頃、父は重い結核《けっかく》にかかってサナトリウムに入院となった。父の喀血《かっけつ》でアルミの金《かな》だらいが血で一杯になったと後に母は述懐《じゅっかい》していた。

父がサナトリウムに入院して一年弱いたころの話であるが、二階で隣りでベッドに寝ていた人が、トイレに行くのがめんどうなので、窓からオシッコをしたらしい。運悪く、その時、窓の下を狸《たぬき》（の霊）が通《とお》っていたらしく、怒った。隣りのベッドの男性は狸憑《たぬきつ》きとなって、狸の怒りをブチまけはじめた。行者《ぎょうじゃ》を呼んで、狸祓《たぬきばら》いをしたようだ。どの話も五十年～六十年も前のことである。柳田国男《やなぎたくにお》の『遠野物語《とおのものがたり》』のようだろうと思う。

宇宙人との接近遭遇《せっきんそうぐう》

（一）

ビートルズのジョン・レノンとこんなに魂的に近いとは、考えてもいなかった。彼が熱心なファンの一人に暗殺《あんさつ》された、ニューヨーク市内のダコタ・ハウスの前に私が立ったのは、彼がこの世を去って一年半過ぎたころだった。四十歳で逝《い》ってしまった音楽の天才が住んでいたのは、レンガ造りの長屋風《ながやふう》マンション住居。その前にしばし佇《たたず》んで、私は何かを想《おも》っていた。

それから三十年ほど経《た》って、ジョン・レノンと名のる霊人から、私が製作《せいさく》していた映画『UFO《ユーフォ》学園の秘密』の挿入歌《そうにゅうか》として“Lost Love《ロストラブ》”という英語の歌を霊示《れいじ》としてもらった。日本語では、『もう愛が見えない』という大川隆法・

作詞作曲の歌になっている。私自身が霊能者であったので、偶然《ぐうぜん》かと思っていた。しかし、それは前触《まえぶ》れであって、決して偶然ではなかった。彼からは、その後何十曲もの歌が、霊言《れいげん》で降《お》ろされている。

ジョン・レノンは、ニューヨークの住居の屋上で、昆虫型《こんちゅうがた》宇宙人と会談して、プレゼント（玉のようなもの）を、もらったとされている。

一九八二年夏の段階では、私はまだ、ロックにも、宇宙人にも、それほど関心を持っておらず、ある総合商社のニューヨーク研修生兼駐在員的存在だった。

ジョンは、宇宙人からもらったプレゼント（玉）を七〇年代にスプーン曲げで世界的に有名になったユリ・ゲラーに託《たく》したと言われている。宇宙人が、有名人たちに接近遭遇《せっきんそうぐう》していたことを、私はまだ知らなかった。

宇宙人は、アメリカの大統領をした、ケネディや、カーター、レーガン、ブッシュ父子などにも会っていたらしいことを知ったのは、もっと後のことだった。

ジョン・レノンが射殺された一九八〇年の十二月八日頃は、私に霊眼《れいがん》が開いた頃だった。鏡を見ると、私の目がテカッと光り、身体《からだ》の回《まわ》りに、うっすらと五センチメートルから十センチメートルの後光《ごこう》が出ているのが見えた。

一九八一年の一～二月頃には、夜、勉強中に、江戸時代の着物姿の女性が、私の部屋を斜めに横切った。その際、衣《きぬ》ずれの音まで聞こえた。

同年三月二十三日には、自動書記《じどうしょき》が始まり、六月には、霊言もできるようになっていた。

（二）

宇宙人の存在と、地球への来訪は、一九八六年八月下旬から九月初めに書いた『太陽の法』にすでに書いてあった。しかし、『太陽の法』は、ほとんど釈尊、一部ヘルメスの自動書記で書かれたもので、私は、まだ明確に宇宙人の存在は実感してなかった。ただ霊言等《れいげんとう》では、宇宙の話や宇宙人は、よく登場していて、アッサリと受け入れてはいた。

実際には、この世を去った死後の世界があることの証明《しょうめい》が優先していた。だから最初は地球系霊団の高級霊人の霊言を通して「実在界《じつざいかい》」の存在を立証することを第一にして、次に、この世での人間たちの霊的に正しい生活とは何かを説き続けた。いったん一九九四年に霊言集を止《と》めて、自分の説法と理論書を中心に活動した。

しかし、あの世を信じない若い人々が増えて来た。第二の復活を遂《と》げた二〇〇四年に、一層、奇跡や霊界との交流が深くなったので、二〇〇七年の国内巡《じゅん》錫《しゃく》、海外巡錫が始まった頃、また数多くの霊言やリーディングを再開した。

二〇一〇年の横浜アリーナでの講演会で宇宙時代の幕開けを論じた。その直後、おそらく三時前の日中だったと思うが、何千人もの聴衆が横浜アリーナ上空でＵＦＯフリートを見た。最低でも百機以上、千機はいたという人もいる。

私は、自分の講演会を宇宙人たちもモニタリングして聞いていることを知った。私の講演会前後には、UFOがよく出るようになって、続々撮影され始めた。私自身も、旅客機の窓からや、屋上テラス、散歩中などに数多くのUFOの撮影に成功した。夜間に宇宙へ旅行することも多くなった。また地球系の霊人同様、宇宙人からの通信を受け取って、本にすることさえ多くなった。二百種類を超える宇宙人を紹介《しょうかい》し、UFOの種類まで解説するようになった。

私が証明《しょうめい》を続けているからか、今のところ公的に批判されることもなく、むしろ米国政府が、UFO関係の資料を公開するようになった。二〇二〇年春のトランプ大統領の三種類のUFO映像の発表や、二〇二一年のバイデン大統領の百四十三件のUFO関連情報の発表などがそれである。

（三）

さて、この辺で、私は、小説中の大山雄法《おおやまゆうほう》に戻《もど》ることにする。『ある朝、妻が美人女優になりまして…』を書いてから、疑問、質問が殺到《さっとう》してきたのだ。正直言って、返答によっては、私自身、この地球上にも、宇宙にも、存在できなくなる怖《おそ》れが出て来たのだ。

女優の深瀬《ふかせ》すずのポスターは相変わらず私の書斎兼リビングに輝《かがや》いているが、本人の姿はめっきり見かけなくなって来た。家内が帰って来たこともあるが、女優や歌手の生霊《いきりょう》がしつこくつきまとっている時には、やはり時折、すずちゃんの守護霊が追い払いには来てくれた。

そうそう生霊といえば、何年か前、美人女優の西川景子《にしかわけいこ》がウィッシュとかいう男性タレントと結婚するか迷っている時、よく私のもとに守護霊がやって来た。守護霊をしていたのは、過去世の魂で、

「花《はな》の色《いろ》は　うつりにけりな　いたづらに
わが身世《みよ》にふる　ながめせしまに」

という名歌でよく知られている歌人でもあった。

この西川景子の守護霊本を出した際、私、大山雄法は、

「燃《も》え上《あ》がる　玉《たま》の緒《お》の炎《ほむら》
いたずらに　神《かみ》ならぬ身《み》を
焦《こ》がし果《は》てなむ」

という彼女の守護霊からの新しい恋歌《こいうた》を頂いた。

危険《きけん》があるので、この歌の解釈はしないでいた。

ところがである。当時、教団では、神村姫子《かみむらひめこ》という、若手の女性が、事務総長をしていた。古代大和朝廷に存在した、女帝かもしれないという人である。

彼女は、西川景子の守護霊の和歌の意味をすぐに理解したらしい。

ある夜、寝ていると、ベッドの右横のクローゼットとの間に彼女が古代の武装した姿で、横たわって一メートルぐらいの高さに浮かんでいるのである。もちろん霊体《れいたい》であるが、右手には宝剣《ほうけん》をしっかりと握《にぎ》っていた。

「一体、何をしているの。」

と私が問うと、事務総長の霊体は、「師匠《ししょう》が、夜中に西川景子の生霊に襲われないよう、警護《けいご》しています。」と答えた。

私にとっても、とても珍《めずら》しい体験だった。

神村姫子について書いてある古代文書によれば、彼女の姿は、立派な尾があって、身体《からだ》の全身は、七十二枚の鏡のようなウロコでおおわれていたという。どう考えても、ゴジラ型の人間大《にんげんだい》の宇宙人である。そして皇室の先祖でもあるという。

そういえば、天孫降臨《てんそんこうりん》という言葉は、宇宙人が日本の地に降臨して神になったという意味にもとれる。

宇宙人は意外にも身近《みぢか》にいたのである。

そういえば、つい先頃《さきごろ》、夜中の二時頃、深瀬すずちゃんの守護霊を呼んでも来ないな、と思っていると、夜明け前の四時頃、ハリウッドで、女優のナタリー・フォートマンと会っている霊夢《れいむ》を観た。いい雰囲気《ふんいき》の四人がけのテーブルに腰かけて、彼女は、私をしっかりと見つめながら一緒《いっしょ》に食事をしていた。

ナタリーはカタコトの日本語も語《かた》ったが、時々ヘブライ語、メインは英語で私と話し合っていた。映画の『マイティ・ソー』を女の自分が演じるつもりだと語っていた。そして私に対しては、「オーディン様は、本当は、宇宙人ですか。それとも北欧の地球人の王様ですか。」と問うた。

私は知的美人に弱い。わが妻も、かつては、「徳島のナタリー・フォートマン」と呼ばれたこともあるのだ。

ナタリーはよく知っている。私はオーディン神と呼ばれたこともあり、息子には、ソーとロキがいた。どちらを後継者にしてよいか決めかねて、五千年も王を続けていたという説もある。この話は別の機会に譲ろう。

宇宙人のヤイドロン氏や、草津の赤鬼が私の警護をしている話も、別の話の方がよかろう。

ということで、私の名前も、大山雄法《おおやまゆうほう》か、大山UFOがよいか、思案《しあん》にふけっている今である。

女心と男心

おんなごころ

おとこごころ

（一）

それは、大学を卒業して商社に入社した年だと思うので、もうかれこれ四十年余りも前のことになる。

私が覚《おぼ》えていることは、もう、少ししかない。私の友人の一人が国電の恵比《えび》寿《す》駅の近くにある英会話喫茶に私を連れて行った。コーヒ一杯千円は、当時としては高かったが、店内では英語しかしゃべってはいけない、というきまりがあった。英語がしゃべれる外人は喫茶はタダということで、いつも、三〜四人は外人がいた。友人の「H」は、国際教養学部の時代から通っているようで、かなり流暢《りゅうちょう》に英語を話していた。

彼は私と同じ東大卒であるが、茶店《さてん》の友人たちが引くので、東京外大卒と称していたと思う。

二回目に行った時だと思うが、その茶店で知り合ったという彼女を紹介された。真剣《しんけん》に結婚も考えているという。

「H」がトイレに行くために席を外した。その瞬間を捉《とら》えて、彼女氏は、私に、にじり寄った。そして真顔《まがお》で「結婚する前に彼の良い点も悪い点も全部知っておきたいの。あなたは親友でしょう。ネエ、彼の悪い点を全て教えて。」

私は、本当にバカ正直《しょうじき》だった。友人がトイレから帰ってくる前に、彼の欠点を三つ、四つ正確に答えた。今としては、内容はボンヤリしているが、

「一、彼は酒グセが悪い。

二、彼は他人《ひと》の話の腰を折るクセがある。
三、彼は、月末にいつも金欠《きんけつ》で友人に金を借りる。
四、彼は嘘つきで、女グセが悪い。」
といったところだったろうか。

彼女氏は、頬《ほお》を赤らめて、少しゆるめると、「有難《ありがと》う。助かったわ。これで安心して結婚できるわ。」

と肩をすくめて、お礼を言った。

彼が席に帰って来ると、今まで同様に、なごやかに他の人たちとも話し出した。この茶店《さてん》では、皆、英語のファースト・ネームで呼び合っていたので、他の人の素性《すじょう》は新参者《しんざんもの》の私には判《わか》らなかった。

（二）

しかし、私が恵比寿の英会話喫茶に通ったのは、この二回目で終わった。聡《そう》明《めい》な読者ならもうお判りだろう。

彼女氏は、その後、H君の胸ぐらをつかむと、私との親友関係を解消するか、それとも結婚の約束を解消するかを迫ったのだ。H君は、私のことを「彼は口は悪いが、根《ね》はいいやつなんだ。」と繰り返したが、彼女は決して私を許しはしなかったのだ。

私は、嘘をついたつもりはない。しかし、「女心《おんなごころ》」を知らなかったという点については、全く弁解《べんかい》の余地はない。

私はH君に平《ひら》に謝《あやま》った。彼と結婚しようと考えていた彼女が、親友だと称する私に、「彼の全てが知りたい。」と言ったのは、親友なら、もっと、もっと、ほめてくれると思ったからだったのだ。結婚を考えている若い女性の不安な心理を考えてあげなかった私は、「正語《しょうご》」を守ったが、相手の心を傷つけてしまったのだ。

しかし、H君と私の友情関係は、その後も崩れることはなかった。その後しばらくして、彼は結婚した。その相手が英会話喫茶の彼女かどうか、私は一度もたずねなかった。東京の会社の中や、ニューヨーク時代、時々、彼とは会って話すことはあった。

彼は私のことを尊敬していたので、私の悪口は一度も言ったことはない。

彼は、ニューヨーク本社では、化学品部に勤めていた。たいていは、日本からやってくる商売相手を夜のニューヨークで接待する側の営業だった。日本から来るメーカーの男性は、ほとんど、酒を飲んだ後、「美人で、金髪の白人女性を一回抱《だ》いてみたい。」と言うそうであった。それで彼は、某所《ぼうしょ》に毎度、客を連れて行ったというのだ。

私は、「君は結婚しているのに、そんな所に何度も行けるのかい。」と聞いた。彼はニヤリと笑うと、「僕は、客を案内した後、外のベンチで待っているのさ。」と答えた。「新婚なので不義《ふぎ》はしない。」が彼の男心《おとこごころ》であった。

（三）

さて、これも大山雄法《おおやまゆうほう》氏から聞いた昔話である。

鉄鋼部《てっこうぶ》かなにかに勤めていた、彼の友人の話である。彼は一流私大卒だが、在学中にアメリカの大学に二年留学して卒業もしていた。当然、英語も良くできた。入社試験の英語テストでは抜群の成績だと伝え聞いていた。さもありなん。とても大人《おとな》びた人であったので、入社時から大山氏とは気が合ったらしい。とはいうものの、「いくらつき合っても大山氏が何を考えているのかさっぱり判らない。」というのも、また彼の口グセだった。

その彼が、まだ独身で、ニューヨークに研修で行っていた時のことである。

彼は時々、ミッドタウンのバーに行ってたらしい。そこでは、アメリカ女性がタダ酒を狙って来ているので、例の抜群の英会話力でくどき落とす練習をしていたらしい。

ある夜、金髪白人美女をゲットしたらしい。長身で美男の彼なら当然のことでもあろう。ホテルの一室で、彼女は、服を脱《ぬ》ぐそぶりをしながらも、彼の方に先にシャワーを浴びることをすすめた。彼は何の疑いも抱《いだ》かず、しっかりとシャワーを浴びていたらしい。そしてバスタオルで体をふきながら出て来ると、唖然《あぜん》とした。服以外の財布《さいふ》やカードや貴重品《きちょうひん》が部屋から消え、金髪美女も蒸発《じょうはつ》していたというのだ。

大山氏は、彼の情けない顔を見ながら、自分には、白人女性をくどき落とすだけの勇気も英語力もないことを、天に感謝したらしい。友人のN君は、大山氏が同じ目にあうといけないから、忠告してくれたらしい。

一年後輩のM君の場合は、夜遅くまで飲んでいて、グテングテンになった。マンハッタンのアパートに住んでいるので、一泊とまって行けと、同年輩のアメリカ人男性に親切にされた。そこで彼の自宅《うち》に行っててとなりで眠り込んでいたらしい。

夜中の二時過ぎに、M君は、「ハア、ハア」というかすかなあえぎ声とともに、自分のパンツがずり下げられているのを感じて目を覚《さ》ました。当時は「ゲイ」とは言わず、「ホモ」と呼んでいた。M君は、彼に強姦《ごうかん》される寸前で、命からがら、夜のマンハッタンを走って逃げた。

（四）

では肝心《かんじん》の大山雄法氏には何もなかったのか。いや、そうともいえない。日《にっ》中《ちゅう》、英語で仕事してストレス過剰《かじょう》の先輩たちに、やはりミッドタウンの『寿司《すし》好《ず》き野郎《やろう》』という、カウンター中心のカラオケバーに時々、連れて行かれては、「おふくろさん」「雨々降れ降れ」「桃色吐息《ももいろといき》」「メモリーグラス」などを歌わされていたのだ。そのカラオケバーは、日本人男性がマスターだったが、小柄だが美人のアシスタントが一〜二ヶ月前から手伝っていた。日本のM商事の役員秘書をしていたが、辞めて、アメリカに英会話とダンスの勉強に来ているというのだ。夜は日本人向けのカラオケバーでアルバイトを始めたらしい。先輩たちは、次々と彼女の連れ出しを狙《ねら》ってアタックしたが、皆、サラリとかわされたらしく、鉄壁《てっぺき》の守りを示していたらしい。マスターいわく、「彼女はまだ処女なんでね。」

先輩方は、それで年少の大山氏を初めて連れて行って、「彼女をくどき落として、デートしてみよ。そして証拠写真《しょうこしゃしん》をとれ。さもなくば、仕事中にもっと意地悪《いじわる》をしてやる。」

とまあ、一種の脅迫《きょうはく》をした。

それで「モテナイ男」を自称している大山氏も、カウンターで彼女をくどき始めた。彼女は、まず「名刺を二枚下さい。」と言った。他人の名刺を使われる危険性を避けるためだ。二枚持っていれば本人だ。次に、「もう一回近いうちに来て下さい。顔を覚《おぼ》えるためです。」と言った。

翌週、彼女は、日曜日のデートを約束してくれた。そして本当に、セントラル・パークでの日中のデートは成功して、証拠写真もとった。上司、先輩たちは驚いた。「大山のやつ、スミにおけんな。結構やるな。彼女、当社重役の◯◯さんの奥さんに似ている。云々《うんぬん》…。」しかし、ここまでは単なるゲームだった。

彼女は、土曜日の夜十二時過ぎに大山氏のマンションに電話を入れてきた。「明日のお昼頃、お宅《たく》に伺《うかが》ってもいいですか。」

彼は驚いた。とっさに「部屋の掃除《そうじ》ができてませんので。」と断ってしまった。

一ヶ月後、『寿司好き野郎』に行くと、もう彼女は辞めていた。マスターは

「彼女はもう処女じゃないよ。」とわけ知り顔でポツリと語った。

「親類の家に下宿してたんだが、女友だちに『そちらに泊まっていることにしてくれ』と電話があったのでバレたのさ。」

とのことであった。

大山氏に、「ちょっと彼女に悪いことをしたかな。」という後悔の念が湧《わ》いた。こちらはゲームでやっていたのに、向こうは本気にしてしまったらしい。やはり、やけになったのか。「女心《おんなごころ》」は二度ともて遊ぶまいと心に誓って、また日曜日には、ニューヨークタイムズとウォールストリートジャーナルのエコノミー記事を切《き》り貼《は》りしていたそうな……。

郵便はがき

料金受取人払郵便

赤坂局
承認

9654

差出有効期間
2023年3月
9日まで
(切手不要)

1 0 7-8 7 9 0

112

東京都港区赤坂2丁目10−8
幸福の科学出版(株)
愛読者アンケート係 行

ご購読ありがとうございました。お手数ですが、今回ご購読いただいた書籍名をご記入ください。

書籍名

フリガナ お名前	男・女	歳
ご住所 〒 都道府県		
お電話( ) −		
ご職業 ①会社員 ②会社役員 ③経営者 ④公務員 ⑤教員・研究者 ⑥自営業 ⑦主婦 ⑧学生 ⑨パート・アルバイト ⑩他( )		
弊社の新刊案内メールなどをお送りしてもよろしいですか? (はい・いいえ)		
e-mail アドレス		

愛読者プレゼント☆アンケート

購読ありがとうございました。
後の参考とさせていただきますので、下記の質問にお答えください。
選で幸福の科学出版の書籍・雑誌をプレゼント致します。
表は発送をもってかえさせていただきます）

1 本書をどのようにお知りになりましたか？

）新聞広告を見て ［新聞名： ］
）ネット広告を見て［ウェブサイト名： ］
）書店で見て ④ ネット書店で見て ⑤ 幸福の科学出版のウェブサイト
）人に勧められて ⑦ 幸福の科学の小冊子 ⑧ 月刊「ザ・リバティ」
）月刊「アー・ユー・ハッピー？」 ⑩ ラジオ番組「天使のモーニングコール」
）その他（ ）

2 本書をお読みになったご感想をお書きください。

3 今後読みたいテーマなどがありましたら、お書きください。

ご感想を匿名にて広告等に掲載させていただくことがございます。ご記入いただきました個人情報については、同意なく他の目的で使用することはございません。

ご協力ありがとうございました！

妖《よう》怪《かい》考《こう》

（一）

天照大神《あまてらすおおみかみ》は、いつもの昼寝《ひるね》からお目覚《めざ》めになった。最近《さいきん》、悪夢《あくむ》に出てくるのは、いつもあの男だ。自分の正面には決して姿を見せない。けれど、背後《はいご》には、時々座《すわ》り込《こ》んで、湯呑《ゆの》みでお茶を飲んでいるのである。それだけでは、とりたてて罪というわけではない。しかし、天照様《あまてらす》が、日が暮れてから、夜が明けるまでは、自室で休んでおられる間に、近頃、犯罪が増えているのである。日が射《さ》すうちは、悪は隠《かく》れているが、闇が濃くなると、悪は増殖《ぞうしょく》し、活発化してくるのである。いつの時代も同じであろう。

あのアメリカ合衆国でも、ゴッサム・シティーには、ニューヨークとシカゴを併せたような犯罪が多発して、ダークナイトのバットマンが活躍しているらしい。日の女神である天照の弱点だと思ってか、大和《やまと》の国では、夜に、まさに、百鬼夜行《ひゃっきやこう》が常態化《じょうたいか》している。

先日は、・・・・ヤタガラスを試してみた。やつらは夜目《よめ》が効く。

しかし、彼らが申し立てるには、敵の戦術は、「逃《に》げ足が速く、すぐ後ろ側に廻《まわ》り込む」のが基本のため、得意の急降下口《きゅうこうかくち》ばし攻撃《こうげき》が無力化《むりょくか》されるというのだ。カラスの習性《しゅうせい》としては、相手の視界から隠れ、背後から、後頭部や首筋をつつくくせがある。敵は恐怖のあまり「ギャー」と叫《さけ》んで逃げ出す。そのため、カラスよけに、人間も、つばの広い帽子や傘を使うようになったのだそうだ。

とりあえず、天照大神《あまてらすおおみかみ》の出された『破防法《はぼうほう》』を執行《しっこう》するため、奈良や和歌山周辺の威嚇《いかく》警備を増強しているのだが、上空を見廻《みまわ》っている時には姿が見えず、地上に近いところで木にとまっていると、いつの間にか、背後に廻《まわ》られている気がするというのだ。

「天照様。敵の土蜘蛛《つちぐも》一族《いちぞく》は、悪賢《わるがしこ》くて、動物の中では一番知能が高いといわれる、われらカラス一族でも逮捕《たいほ》できません。ヤツラはどんな悪を狙《ねら》っているか事前に分からないので、現行犯逮捕《げんこうはんたいほ》しか手がないのです。ということで、今のところ打つ手がございません。」

そう言うと、ヤタガラスの頭領《とうりょう》は、次のワールドカップ出場のための練習を優先したいと、飛び去ったのである。

（二）

天照様は思案《しあん》した。日本では、バットマンはヒーロー感が足りないし、相手が山岳地帯《さんがくちたい》を本拠《ほんきょ》としている以上、バットモービルが使えない。黒鬼《くろおに》にバットマンのまねをさせてみようかと思ったが、動きが遅いし、あの鉄棒《てつぼう》の大振りでは、土蜘蛛《つちぐも》には通じまい。しかし、大和《やまと》の諸悪の根源は、あの土蜘蛛族の頭領、「ぬらりひょん」であるに違いあるまい。自らは手を下さず、部下をたくさん使う。攻撃をするのではなく、いつの間にかヒョコッと内裏《だいり》の中にも入《はい》り込《こ》んで、背後の畳にあぐらをかいて、渋茶《しぶちゃ》を飲んでいる。「ぬらりひょん」の存在に気づくのは、体からエネルギーが抜けて、何もやる気が出ないので、「ちょっとおかしいな。」と思った瞬間だけで、振り返ると、姿はたちまち消えているのだ。光明《こうみょう》思想の根源でもある天照大神は、ストレートに光を発射《はっしゃ》されるため、物かげに隠れられると、光がさえぎられるのである。だからこの女神は、夜も苦《にが》手《て》だが、背後に廻られるのも嫌いである。相手がゴッド・ファーザー的陰謀家《いんぼうか》である点も、いまいましく思っておられる。

（三）

お釈迦《しゃか》様ならこんな時、どんな知恵を出されるだろうか。天照大神は、三メートルぐらいの綿雲《わたぐも》を宮中の庭に出された。それに和服のまま、「ヒョイッ」と飛び乗られると、猛速度で、天上界のお釈迦様にお会いに出かけられた。

お釈迦様は、リクライニング・ブッダのスタイルで、ドラえもんのぬいぐるみを枕にして、パンダちゃんのぬいぐるみを胸に抱《だ》き、トトロのぬいぐるみを腰の支えにして、黄金《おうごん》の雲の上に寝そべっておられた。

「一体、何の用かね、天照《あまてらす》さん。」

少し眠そうに半眼《はんがん》を開いて、お釈迦様はお訊《たず》ねになった。

「実は、姿を見せず、洞窟《どうくつ》を根城《ねじろ》にしている土蜘蛛族《つちぐもぞく》、特に、その頭領の『ぬらりひょん』に手を焼いてます。何とか、お釈迦様のお知恵を拝借《はいしゃく》できませんでしょうか。」と天照。

「ふーん、そんなことか。君は『鏡《かがみ》の法《ほう》』を説くんじゃなかったかな。」とお釈迦様。

「ええ、鏡は好きですし、鏡に映《うつ》すように自分の心をまっ直《すぐ》に見つめて、歪《ひず》んだところを直せ、というのが私の教えです。」と天照。

「それでいいじゃん。」と、お釈迦様は、めんどうくさそうにおっしゃった。

「背後にいる敵も鏡には映るでしょ。」

「なるほど。」

「昼なお暗い洞窟なら、何枚もの鏡を使えば、太陽の光を反射して、奥の奥まで照らせるでしょう。」

なるほど、灯台もと暗しとはこのことだ。お釈迦様の結論は速い。

天照大神様は、喜んでまた綿雲に「ヒョイッ」と乗られた。

（四）

天照大神は、「鏡造御助神《かがみづくりみたすけのかみ》」に大小たくさんの鏡づくりをお命じになった。眼は前半分しか視界がないが、部屋のあちこちに鏡を備えておけば、あのツルッパゲの二段頭の「ぬらりひょん」は、必ず映る。

洞窟用には、盾《たて》のような特大の鏡をつくらせた。狙《ねら》い通り、奥の奥まで太陽の光は届いて、土蜘蛛《つちぐも》の一族は、それこそ蜘蛛《くも》の子を散らすように逃げまどった。

ヤタガラスの一族が急降下して、蜘蛛たちの首筋を攻撃した。

「ぬらりひょん」は、黒鬼と赤鬼に、「国家転ぷく罪」容疑《ようぎ》で逮捕《たいほ》された。手足は細く、背を曲げた老人は、安いカスリの着物を着て、股《また》の間から、赤いふんどしがチラチラしていた。

天之手力男命《あめのたぢからおのみこと》が、「ぬらりひょん」をオナワにかけ、鏡で四方を囲まれた独房《どくぼう》に閉じ込めた。

さて、次は、渋茶《しぶちゃ》を飲みながら、こっそり人のエネルギーを吸いとるという特殊能力《とくしゅのうりょく》をどう封《ふう》じるかである。

天照様は、「ぬらりひょん」の弱点を研究した。

そして、ハ、タと膝《ひざ》をたたいた。「外国帰りの青鬼《あおおに》を見張りに立てよう。そして英語だけで会話させよう。和茶を飲むのを禁じ、一日九杯までコーヒーを飲むことを許そう。」

さて「ぬらりひょん」をどう反省させたものか。なにせ嘘をつくのはうまい。天狗《てんぐ》とは違って、ねこなで声でおせじを言ったり、謙そんして見せたりもできる。

そこで天照様は、カラス天狗を呼び、毎日一回、「ぬらりひょん」とディベイトさせることにした。カラス天狗はエネルギーを抜かれて性欲が減《げん》じるし、「ぬらりひょん」は、カラス天狗の自慢話で頭が毎日割れそうになる。

こうして、妖怪の総大将《そうだいしょう》ともいわれる「ぬらりひょん」も、裏側霊界に封印《ふういん》されることになったとな…。

山姥《やまんば》考《こう》

（一）

山姥《やまんば》とは、ちと旧《ふる》い。人里離《ひとざとはな》れた山奥《やまおく》に住むという女の怪物《かいぶつ》のことでしょう。鬼女《きじょ》のことでしょ。「日本昔話《にほんむかしばなし》」にはよく出てくるが、都会暮《とかいぐ》らしが多い現代では、もう関係《かんけい》ないでしょう。そう考える御仁《ごじん》も多かろう。しかし、それは少し甘い考えではなかろうか。山姥の勉強をした人と、全く知識を持たない人とでは、人生を生き抜く知恵に天地ほどの差が出てくるのである。妻が朝遅《あさおそ》く、座りテーブルに四角い鏡を立てて、三十分も一時間もかけて、お化粧《けしょう》をしている姿を見て、山姥を思い起こして「ゾクッ」とくる男は、人生の春秋《しゅんじゅう》を経《へ》て、知恵の固《かた》まりとなっている人である。

「日本昔話」に出てくる山姥は、夜の山で迷った旅人を親切にもてなした後、夜中にシャリ、シャリと肉切り庖丁《ぼうちょう》を研《と》ぐ姿が障子《しょうじ》に映っているアレである。旅人は、部屋の隅に白骨《はっこつ》がうず高く積まれているのを見て、自分の運命を悟る。自分の生命《いのち》が、一夜の宿泊料《しゅくはくりょう》とは、あまりといえば、あまりではないか。彼女の目はランランの輝き、頭からは二本の角《つの》が生《は》え、口からは牙《きば》が出ている。鬼の話では、虎皮《とらがわ》のパンツ一丁で出てくるのは、いつも男の鬼である。だから女の鬼は、山姥がもっともそれらしい。

と書くと、「ああ、課で飲み会をやったといって、夜遅く帰宅すると角《つの》を出して怒鳴《どな》る女房《にょうぼう》のアレですね。」と考える人も多かろう。まだまだ、踏み込みが甘いですな。

山姥の本当の恐さは、鬼にも、天狗にも、蜘蛛《くも》にも、蛇《へび》にも化ける要素を持っている、女のオールマイティな怖《こわ》さである。それは生きていくための彼女の力でもあるし、「魔性《ましょう》」の本質でもある。

女の方は、いつも、木の枝と枝の間に、蜘蛛の巣を張って、虫がかかってくるのを待っている。自分を飾り立て、蛾のように羽根を広げて見栄《みえ》を張る男は簡単に網にかかり、スルスルッと降りて来た蜘蛛に生命《いのち》を取られる。学歴自慢、容姿自慢、財産自慢、家柄自慢、知名度自慢などに酔《よ》いしれている男などは、皆、この仲間である。生きのびる術を知っている男は数少ない。

（二）

山姥伝説で、最高傑作《けっさく》は「三枚のお札《ふだ》」だろう。山寺《やまでら》に、老僧と小僧《こぞう》が暮らしている。小僧はなかなか、わがままで、和尚《おしょう》さんのいうことをきかない。ある秋、小僧は、向こうの山奥で栗ひろいをしたいといいだす。和尚は、山奥には山姥が住んでいると警告するのだが、小僧は、山のように栗を取りたくて欲をふくらませている。そこで和尚は、法力《ほうりき》のこもった三枚のお札を小僧に渡す。「万一、山姥につかまったら、このお札を使うんじゃよ。」と伝えるが、小僧は、てんで気にしていない。

栗ひろいに夢中になっていると、とっぷりと日が暮れる。そこに人の好《よ》さそうな老婆が出てくる。「ああ、山姥かと思ってびっくりした。」と小僧。老婆は、近くの自分の宅《うち》で、栗のイガをむいて、ゆでてやろうと言ってくれるので、小僧は「それはいい。」とついていく。腹いっぱいになった小僧を見て、老婆は親切に泊《とま》っていけという。小僧は疲れ切ってグッスリと眠っていると、ふと夜中に刃物《はもの》を研《と》ぐ音が聞こえてくる。

障子《しょうじ》を少しあけてのぞいてみると、そこにいるのは、肉切り庖丁を研ぐ、頭に二本の角が生え、目がランランとして、牙が生えた例の山姥である。

小僧は機転《きてん》をきかして、外の小便小屋《しょうべんごや》に小便に行きたいという。山姥は、小僧に逃げられないよう、彼の腰に綱《つな》をつける。

小僧は綱の片方を窓のさんに縛りつけて、一枚目のお札をはる。すると山姥の「まだかえ。」という問いに、お札が「まだだよ。」と答えて、小僧が裏口から逃げるのを助ける。少し時間がかせげた。しかし、山姥が力まかせに引っぱると、すでに小僧は逃げている。そのあとものすごい形相《ぎょうそう》で老婆は追いかけてくる。小僧にとってはまさに悪夢だ。

そこで小僧は二枚目のお札を使う。「大きな川になれ。」突如山中に川が出現し、洪水が起きる。しかし山姥もさるもの、大きな口で川の水をグングンと呑《の》み干《ほ》して、また追いかけてくる。敵もすごい魔力《まりょく》と脚力《きゃくりょく》を持っているのだ。

（三）

そこで小僧は三枚目のお札を山姥に投げつけ、「火になれ」と命じる。すると一面すごい山火事となる。だが、これで参る山姥ではない。腹いっぱい呑《の》み込んだ川の水を口から吐《は》き出して、あっという間に火を消し止める。そしてまた、タッタッタッタッタと小僧を追いかけてくる。すごい魔力、すごい執念《しゅうねん》だ。

小僧は、やっと山寺《やまでら》にたどりつくが、「和尚《おしょう》さん、戸をあけて。」と叫んでも、中でモチを焼いて食っている和尚は「わしは今、モチを食うのに忙《いそが》しいわい。おまえみたいなワガママな小僧は山姥に食われたらええ。」とつれない。

小僧は必死で「助けて。」を繰り返して、やっと部屋に入れてもらう。そして大きなカメの中に身を隠して、フタをしめる。

そこに例の山姥が現われて、「和尚、小僧を出せ。さもなくば、お前から食ってやるぞ。」とおどす。

和尚は平静心《へいせいしん》のままだ。「それじゃ一丁《いっちょう》、おまえと化け比べをするとしよう。おまえが勝ったら食われてやろう。」

「まず大きくなってみい。」

すると山姥は、二倍以上の大きさになった。こちらも妖怪《ようかい》のはしくれ、変幻《へんげん》自在《じざい》だ。

「では次は、小さくなってみよ。豆つぶぐらいに小さくなれるかな。これは難しかろう。」

和尚さんはゲームを楽しむようだ。

「よしっ、これでどうだ。」

山姥はそら豆ぐらいの小ささに縮《ちぢ》んだ。

和尚は、小さくなった山姥をモチでくるっと巻くと、「どれっ。」と一口で飲み込んでしまった。

さすがに小僧も、和尚の法力《ほうりき》と知恵には感心するしかない。

こんなふうに坊さんに法力があって、魔物《まもの》を退治できると庶民《しょみん》が信じていた時代も、またある種の幸せの時代であろう。今なら銃《じゅう》か刃《やいば》で相手することしか想像できないだろう。

（四）

さて山姥には他の説話もある。

一人ものの男のところに、「私は飯《めし》を食べません。よく働くので、嫁にして置いてください。」という女も出てくる。確かに男の前では飯を食べない。数日たって、おかしいと思った男は、仕事に出かけたと見せて、屋根に上がり、天井から見ていると、納屋《なや》から米を持ち出して、おかまで炊《た》き、女はにぎり飯を作っているではないか。そこで夫が天井裏から、降りて来て、隠れてにぎり飯を食べようとした妻をなじった。すると妻は、頭のてっぺんにもう一つの口が開いて、そこからにぎり飯を食べているのだ。最後に頭のてっぺんの口から、ペロッと舌まで出す始末《しまつ》だ。こうなったら山姥というより、エイリアンに近い。最後は、ショウブの葉を田でとって、投げつけると、山姥にはそれが鋭利《えいり》な刃物に見えて逃げていくというオチになる。

もう一つ、忘れがたい山姥話となると、香川県のある島の伝説が面白い。この山姥は体も大きいが、半裸で暮らしている。夜間に池で泳ぐこともある。

ある夜、漁師二人が、舟を浜辺に寄せて、たき火をして、魚を串刺しにして焼いて食べている。そこに山姥が突然現われるのだ。二人の漁師は必死で櫂《かい》をこいで、島から小舟で逃れようとする。

山姥は岬《みさき》に仁王立《におうだ》ちをした。左右の巨乳《きょにゅう》を交互にしぼると、その乳は海の上を越えて、ついに、一撃が舟のへさきに当たった。するとその魔力で、舟は全く動かなくなるのだ。観念《かんねん》した漁師二人は、「南無阿弥陀仏《なむあみだぶつ》……」と唱え始めると、何と山姥がお経《きょう》のありがたさに涙を流し始めるのだ。そして舟は無事に逃れられるという筋書きになる。この話なども、巨乳に魅《ひ》かれて囚《とりこ》になった男の悲劇を感じさせる。

どんな女にも山姥適性《やまんばてきせい》はある。僧侶に法力があり、信仰心にご利益《りやく》があると信じられた時代が懐《なつ》かしい。今も確かに真理はあるのに、現代教育で忘れ去られているのが残念だ。

宇宙人のヤイドロン氏

（一）

さて、宇宙人のヤイドロン氏の名前も出た。少しは何か書いておくべきだろう。

私、大山雄法《おおやまゆうほう》は、数多くのUFO写真やUFO動画を撮《と》ったが、ヤイドロン氏は、何百人と出て来た宇宙人の中でも私の最も身近《みぢか》にいて、ほとんど、一年、三百六十五日、私の警護の責任者を務《つと》めているらしいことが分かった。まことに有難いことである。

この場を借りて、少し紹介《しょうかい》し、感謝の意を表《ひょう》したい。彼は、私が外国で講演会をする時にも、エスコートで、アメリカ、カナダ、ドイツなどにも飛んできた。埼玉スーパーアリーナで講演した時には、私の車の右側の空を、高速道路上で秘書が撮影《さつえい》すると、バッチリと併走《へいそう》しているヤイドロン機が写っていた。後で、その理由を聞いてみると、対向車線《たいこうしゃせん》から、ダンプカーが突っ込んできたり、ビルの屋上から狙撃《そげき》される場合、レーザービームで防衛するというのだ。私の秘書たちも、ここまでの警備は考えてはいなかった。

私は、自分自身が考えているよりも、この地球上ではＶＩＰらしい。宇宙人が常に警備するほどの人が、この地球に何人いるだろうか。勿論《もちろん》、私は、唯物論勢力《ゆいぶつろんせいりょく》、全体主義勢力《ぜんたいしゅぎせいりょく》を常に批判しているので、地球レベルで敵がいることは確かだ。

今、ある意味で、この地球は、専制主義国家対、神を信じる民主主義国家の対立の時代に入《はい》った。そこで、この日本が、唯物論勢力の軍門に下るか、それとも信仰ある民主主義勢力の誇りを見せるかの分岐点《ぶんきてん》に立っているのだ。

また二〇一九年末から始まった、世界的なコロナパンデミックも、某国《ぼうこく》の生物兵器が使われた世界戦争だと、主唱《しゅしょう》している一人も私である。

ヤイドロン氏に月の裏側で土掘りをさせられた、なんていうのは悪い冗談《じょうだん》で、月の裏側で、悪質宇宙人の基地があるのを教えてもらっただけである。

（二）

さて、悪質宇宙人の地球侵略計画は本当にあるのか。どうも本当らしい。秦《しん》の始皇帝―毛沢東《もうたくとう》―習近平《しゅうきんぺい》ラインの中に、もう一段、悪質な宇宙存在が介入《かいにゅう》しているようだ。アーリマンとかいう宇宙人である。アーリマンは、かつて、チグリス・ユーフラテス川流域で、ゾロアスターが光の神アフラ・マズダを信仰した時、その敵だった、暗黒の神である。この時は、地球からの撃退には成功したようだ。

カンダハールという宇宙人は、中国軍に宇宙技術の一部を与えて、地球の防衛体制を破ろうと考えている。コロナウィルス・パンデミックの前には、「元《げん》」の国がヨーロッパに攻め込んだ時にも、「ペスト」をはやらしたらしい。ヨーロッパの国が人口が半減したり、三分の一になったりしたこともある。

今は先進国へのサイバー攻撃や、人工衛星を破壊する方法、人工通貨を使った大恐慌の起こし方、宇宙人とのハイブリッドの作り方、地震兵器の作り方、米国カリフォルニアの山火事やオーストラリアの山火事の起こし方も指導しているようだ。カーボン・ニュートラルというCO_2排出ゼロ目標を先進国に押しつけて、文明を退化させる計画もある。

一方、ＬＧＢＴＱなどを民主主義国に流行させ、地球の伝統的価値観や地球神の教えも破壊しているといわれる。いずれ地球人は、彼ら、闇宇宙のレプタリアン型宇宙人に捕食《ほしょく》されるので、組織的文化の破壊を狙っているのだ。

今、敵方宇宙人が、最も熱を入れているのは、ＵＦＯテクノロジーの完全導入である。これに対しては、ヤイドロン、Ｒ・Ａ・ゴール、メタトロンたちが立ちはだかっている。

彼ら宇宙防衛軍の方が、アーリマンや、カンダハールなどの、裏宇宙の住人たちを、あちこちの銀河で撃破してきたのが、正しい宇宙史のようである。

今のところ、ヤイドロンたちは負ける予定はない。

（三）

さてヤイドロン氏はどんな宇宙人か。まず乗物だが、地球上空一万メートルから二万メートルあたりに母船がある。全長一～二kmはあり、内側は、小さな都市になっているが、普段《ふだん》は、インビジブル・モードになっており、目視《もくし》もできず、レーダーにも映らない。ここを拠点とし、何十人か乗りの中型機や、時には、二～三人乗りの小型機で地上三百メートルから八百メートル付近にいる。通常、人間は彼らの存在に気づかない。ＵＦＯの表面を銀色にするか、ＵＦＯの右側の景色を左側に、あるいは、裏側の景色を前方に映像化すると透明感が出てくる。だから通常時には、霊感がないとＵＦＯ写真は撮《と》れない。姿をはっきりと見せる場合は、何らかの意図《いと》がある。夜間は、星に紛《まぎ》れやすいので、ゆっくりと浮かんでいることもできる。

ヤイドロン氏は警護する場合には、小型機をよく使う。上下の二階建てになっており、下の階にいる場合は、レーザー銃や雷電型《らいでんがた》攻撃兵器を使う。また上の階にいる場合は、地上での講演や、家庭での会話をモニタリングしている。長さは横十メートルから二十メートル、高さは五メートルぐらいのＵＦＯ

である。UFOは自由自在の動き方ができるが、内側は二重構造になっており、安定している。ヤイドロン氏も変身可能宇宙人であるが、出身星は、マゼラン星雲のエルダー星なので、戦闘モードになると頭から角《つの》が二本出た鬼型になり、レプタリアン型宇宙人とも戦えるスタイルになる。ふだんは、地球人の目を意識して、スーパーマン型のスタイルが多い。ただ胸には「S」の字のかわりに、「R」が書いてある。これは最高司令官であり、かつ、メシア資格を持っていることを示す。警護の際の最大の敵は、今、中国に潜入している、アーリマン、カンダハールの部下の突撃隊長バズーカであり、彼が時々、私の暗殺を狙うので、重要行事の時などには、部下数機とともに、スクランブルをかけてくる。私の身に危険が迫ると、胸の「R」の字の上にあるランプが点滅を始めるのである。彼の機は大気圏内を「マッハ8」から「マッハ10」の速度で移動するので、すぐ現われる。

時々、テレパシー交信すると、しばらくいないこともあるが、沖縄上空で台風を調査していたとか、札幌《さっぽろ》のホテルに私がいた時には、海峡の上空から、新幹線が青森から函館《はこだて》に通る様子を透視していたところだったと返事が返ってくることもあった。毛沢東《もうたくとう》のような悪魔が、講演前に邪魔をしようとする時には、ヤイドロン氏とか、メタトロン氏などが、電撃一閃《でんげきいっせん》をかけて、彼らを追い出すこともある。

ヤイドロン氏にはワイフがいる。別機に乗っていることが多い。ワイフとは、地上では、網村《あみむら》ナミエという有名な歌手のスペースシスター（宇宙魂《こん》）である。地上の方《かた》は、数万人ものファンをドーム球場で集めて、二時間ぐらい走りながら歌う人だったが、四十歳で残念ながら引退《いんたい》された。宇宙のワイフのことを「ナミエル」と呼んでいる。私の映画の主題歌として『ザ・リアル・エクソシスト』の歌唱インスピレーションをくれた。二本の小型の角から雷のような電流を流す。だから地上のナミエちゃんがコンサートをやっていた時にも、宇宙からビリビリ光線が降《お》りていた。

(四)

プライベートなことは語りにくいが、家内が聞いた時に、ヤイドロン氏は、三十秒程度で、シャワーとドライヤーをかねた装置で体を清潔に保っているといっていた。

「便利ですね。」というしかない。

地上に住む人々は、宇宙から多くのスペース・ピープルが見守っていることを知らない。彼らの多くは、何億年も前に他の星から地球に移住して来た人々の子孫もしくは、母星に残っていた人々が、タイム・トリップして、地球文明の盛衰《せいすい》を見守っているのである。

地球も二十一世紀中には、宇宙時代に突入する。その心の準備として、私は様々なUFOや宇宙人情報を伝えているのである。敵と思える存在もあるが、八割ぐらいは、地球の文明を守り、危機の時に介入《かいにゅう》する正義の宇宙人である。

その「正義」を代表しているのが、ヤイドロン氏で、私を「エローヒム」と呼ぶ人もいるが、彼が「ヤハウェ」と呼ばれることもある。だからヤハウェは地球人ではないのだ。

草津《くさつ》の赤鬼《あかおに》さん

（一）

草津《くさつ》温泉には、何度か行ったことがある。

職業上、瞑想《めいそう》状態の御籠《おこも》りは、時々、必要になるし、作家たちがよく泊まるような温泉宿《おんせんやど》や、景色のいい海辺とか、伊豆《いず》方面や京都方面には、時々旅行する。

文学や哲学の本を持っていくこともあるし、作詞や作曲をしたり、映画のストーリーを考えに行くこともある。

草津の有名な湯畑《ゆばたけ》には、周囲《まわり》に、縁《えん》のあった人々の名前が石柱《せきちゅう》に刻まれている。その中には、東大寺の大仏建立《だいぶつこんりゅう》を手がけた行基菩薩《ぎょうきぼさつ》の名前もある。不思議である。教団の運営の具体的なことは、行基菩薩とエドガー・ケイシーに相談することが多いので、行基霊とのつき合いも三十年以上になる。

それにしても、奈良で、国家予算の二倍もかけて、毘盧遮那仏《びるしゃなぶつ》を建立した行基が、草津温泉も開いたとは。私たちが聖地扱いしている四国の八十八ヶ寺もほとんど弘法大師・空海か行基の創建である。

その常識を超えた行動力、事業力、信仰心、事業構想力には全く頭が下がる。また行基の転生《てんしょう》の姿の一つが二宮尊徳《にのみやそんとく》だと知らされると、信仰心のある日本資本主義の精神が存在していたことを悟る。

奈良時代の文献《ぶんけん》を読むと、行基も最初は民間の沙門《しゃもん》（修行僧《しゅぎょうそう》）扱いで、朝廷に新興宗教《しんこうしゅうきょう》扱いされて迫害《はくがい》されていたらしい。しかし、民衆の行基信仰は抑《おさ》えられないので、後年、朝廷は、聖武《しょうむ》天皇、光明《こうみょう》皇后らが大仏建立をするに際して、全国から予算を集めるため行基への信仰心を、むしろ抱き込むことにしたらしい。奈良の若草山《わかくさやま》を見晴らせる茶店《さてん》から眺《なが》めると、あの丘の斜面に、当時五千人以上の民衆が集まって、行基の説法《せっぽう》を聞いていたと知ると、まるで、イエス・キリスト並みだと、身振《みぶる》いするほどの感動を覚える。おそらく菩薩の称号は不十分で、もっともっと偉い人であろう。現に、「天御祖神《あめのみおやがみ》」が、三万年前に、富士山麓《さんろく》に降臨した時も、「天御助神《あめのみたすけのかみ》」として国造りに貢献《こうけん》したといわれている。

（二）

さてその行基が草津温泉を開拓する時に随行《ずいこう》した弟子の一人が、奈良の大仏建立時に大工の棟梁《とうりょう》的立場にあったらしい。帰天《きてん》した後は、草津温泉を、湯治《とうじ》場《ば》として守ることを命じられたらしい。これが今、「草津《くさつ》の赤鬼《あかおに》さん」と呼ばれている人の素性《すじょう》である。

今まで何度か草津温泉に行ったのに、去年の夏、ある旅館に泊《とま》った時に私、大山雄法《おおやまゆうほう》は、初めて霊としての草津赤鬼と出会ったのである。

そこは千二百年もの岩風呂を誇っている所であったが、なんと温泉場に、閻《えん》魔庁《まちょう》があり、閻魔大王《えんまだいおう》の下《もと》に、約百人の鬼たちが、草津全体の各温泉場を受け持っているのである。

去年は、コロナ・ウィルスもはやり始めていたので温泉場の客も減っていた。そこで草津の赤鬼さんが、私に、草津の湯では90%以上のコロナ・ウィルスは死滅するし、恋の病《やまい》以外なら、あらゆる病気を治癒《ちゆ》できる。自分は千二百年も、旅人や信仰ある人々を治してきたのだと語ったのだ。

しかし、本当は恋の病も治るのである。普通は、男女の恋愛がもつれて、破《は》談《だん》や破恋《はれん》になると、生霊《いきりょう》に取《と》り憑《つ》かれて、精神状態も体調も悪くなるのである。赤鬼さんの話を聞くと、生霊が悪事を働く時には、鉄棒で何十回か頭をぶったたくと生霊は逃げ出すというのである。そのため、自殺を防止したことも数知れないという。また、色情霊《しきじょうれい》が取り憑いている場合は、お裁《さば》きの場に引き出して、閻魔様《えんまさま》に判定して頂いて、血の池地獄や針の山に連れていくというのだ。つまり恋の病は治らないというのではなく、神仏の目から見て許されざる恋愛感情はブッ飛ばす、というだけである。

赤鬼さんの「赤」の色は、正義から来る「聖なる怒り」の色である。これ以外では、青鬼《あおおに》さんの「青」は、理性的、合理的判断の象徴である。黒鬼《くろおに》さんの「黒」は、悪を粉砕《ふんさい》する強力な力の存在を象徴する。白鬼《しろおに》さんは、欲望を取り去った「空《くう》」の境地を白で表している。「黄鬼《きおに》」さんは、マスタード色で、地獄のピリ辛《から》感を出している。茶鬼《ちゃおに》さんの「茶色」は、大地の底から出さないという強い圧迫感《あっぱくかん》を出しているのだという。

（三）

さて草津赤鬼が私の前に現われてきたのは、私や家内を救済《きゅうさい》するためでもあった。悪霊や悪魔と戦うのは、私、大山雄法ら宗教家の当然の仕事である。だからそれをいやがっているわけではない。しかし、大教団となった今、独特《どくとく》の大企業病や官僚病が生じはじめ、昔は役立ったという幹部氏が、ブラ下がって甘い汁を吸おうとしたり、家族の中でも、精神性が低く、財産分けや権力分けばかり求める不逞《ふてい》の輩《やから》も出現して来たのである。赤鬼さんは、正義感が強くて、こんなやつらは許しておけないのだ。私たちが、与える愛や許す愛で躊躇《ちゅうちょ》している時に、鉄棒を水平打ちして、こうした生霊《いきりょう》をふっ飛ばすのである。家内などは、宗教的正邪の観点から彼ら、彼女らを叱《しか》りつける役をやっているが、とても疲れるし、こうした生霊をはがさないと、私も説法したり、霊言するのが困難になるのである。だから宇宙人のヤイドロン氏なども時折、電撃一閃《でんげきいっせん》をかけてくれるが、大悪魔相手ならともかく、親族や幹部あたり相手ではちょっと気の毒になるのだ。そんな時、草津の赤鬼さんがとても重宝《ちょうほう》なのである。鉄棒一《ひと》振《ふ》りでブッ飛ばしてくれると、妖怪化《ようかいか》したり、天狗化《てんぐか》した生霊も、逃げ出すのだ。悪い鬼たちとは違い、閻魔庁《えんまちょう》で働いている鬼たちは、裁判官、検察官、警察官も兼ねている。

最近では、中国の共産主義の悪魔も批判しているので、彼らもやってくることがある。草津赤鬼氏は、中国の悪魔にも鉄棒で制裁を加えてくれるのである。

時には、中国内部からも、突然、洞庭湖娘娘《どうていこにゃんにゃん》という女神が現われて、全体主義で民衆を苦しめている中国の指導者悪魔を追っ払うこともある。かつて、秦の始皇帝が船で洞庭湖を渡ろうとした時、強風で湖面を荒れさせて、ストップさせたという女神だ。現在も、揚子江《ようすこう》や黄河《こうが》の洪水などを起こして、体制崩壊を目指して、驚異的パワーを発揮している。こうした霊人たちは、霊界の自衛隊やSAT《サット》にあたる存在で、とても助かっている。だから、たかが、温泉の赤鬼ごときが、とバカにしてはならないのだ。

（四）

さて、そういうわけで、かつて草津の露天温泉で殿様《とのさま》ガエルのように茹《ゆだ》って浮かんでいたのは、大山雄法ではない。またそのドッペルゲンガー（霊的二重身）でもない。私たちに、悪質な欲求をしてきていた、家族の何人かの生霊を、まとめて、物質化して、赤鬼さんが茹《ゆ》でていたのである。

遺伝的に顔が似ていたため、警察も、病院も、草津開拓支部長も、てっきり私が高温で茹であがったと思ったのだ。

病院に運び込まれた、私に似たその人物は、一晩のうちに姿を蒸発《じょうはつ》させて、霊界に逃げ去ったらしい。

朝、看護師《かんごし》が病室に入ると、布団《ふとん》が湿《しめ》っているだけで誰もいなかったのだ。

とにかく最近では、家庭崩壊《かていほうかい》が多い。その理由のほとんどは、経済的に自立を目指している妻のわがまま、夫や妻のそれぞれの浮気、子供たちの出来の悪さである。

裕福な家庭では、昔も今もバカ息子とドラ娘が出続けている。甘やかされ過ぎたり、うぬぼれ過ぎたり、被害妄想《ひがいもうそう》を持ったりで、自己中《じこちゅう》人間が多発しているのである。

草津赤鬼さんも、「いやあ、忙しすぎる。どうしてここまでワガママで自己中の人間がたくさん出てくるのか。」とつぶやきながら、鉄棒で頭をブッたたいているのである。

だから閻魔庁では、鬼たちは今も健在《けんざい》で、大忙しである。とにかく彼らの希望は、信仰心を持つこと。神仏の目から見た善悪を考えること。正しい宗教には現証《げんしょう》として、奇跡やご利益《りやく》が伴うこともあるが、それだけを目当てにした宗教はともすれば堕落《だらく》すること。神仏を信仰するということは「自己中」はやめるべきだということ。できれば自分から反省をしてほしいが、それができない人々には、閻魔庁でのお裁きが待っていること。様々な地獄は今も存在していること、などである。

このつたない本が、この世と天国地獄、宇宙人との関係を少しでも伝えられたら幸いである。

『小説　地球万華鏡』関連書籍

『太陽の法』（大川隆法 著　幸福の科学出版刊）

『心眼を開く』（同右）

『鬼学入門――黒鬼、草津赤鬼、鬼ヶ島の鬼の霊言――』（同右）

『ＵＦＯリーディング　救世主を護る宇宙存在ヤイドロンとの対話』（同右）

『人生ノート』（大川隆法 著　宗教法人幸福の科学刊）

『小説　去れよ、去れよ、悲しみの調べよ』（同右）

※左記は書店では取り扱っておりません。最寄りの精舎・支部・拠点までお問い合わせください。

『鬼の研究――草津赤鬼と草津大権現による鬼霊界からの鉄鎚――』（同右）

小説《しょうせつ》　地球万華鏡《ちきゅうまんげきょう》

2021年８月28日　初版第１刷
2021年10月13日　　　第３刷

著　者　　大《おお》　川《かわ》　隆《りゅう》　法《ほう》

発行所　　幸福の科学出版株式会社

〒107-0052 東京都港区赤坂２丁目10番８号
TEL(03)5573-7700
https://www.irhpress.co.jp/

印刷・製本　株式会社 研文社

落丁・乱丁本はおとりかえいたします

ISBN978-4-8233-0299-2 C0093
カバー fractal-an / Shutterstock.com
装丁・イラスト・写真（上記・パブリックドメインを除く）© 幸福の科学

大川隆法総裁の

芸術性・創作の源流と出会う

若き日のエル・カンターレ　精神の軌跡

大川隆法総裁の中学３年～大学４年の精神的歩みが書き留められた人生ノートと、大学在学中に執筆された秘蔵の小説・短編作品集。「人生観の原点」が明かされ、「宗教的感性」「創作の源流」と出会える貴重な書です。

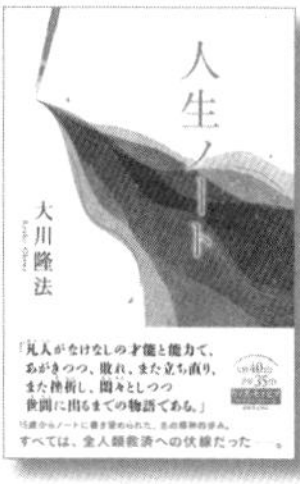

人生ノート ★

小説
去れよ、去れよ、
悲しみの調べよ ★

青春短編作品集
現実・夢想・そして
イデアの世界へ ★

心に響く詩篇、俳句・短歌

中学・高校・大学時代から、宗教家として立つ１～２年前の商社時代まで、大川隆法総裁は数々の詩篇を編まれました。感性溢れる美しい言魂から、深まりゆく悟りを感じることができます。また、俳句・短歌集では、大学３～４年のころの「青春の日の主の心境」が明らかにされています。

詩集
青春の卵 ★

詩集
Leftover
―青春のなごり― ★

青春詩集
愛のあとさき ☆

詩集
私のパンセ ☆

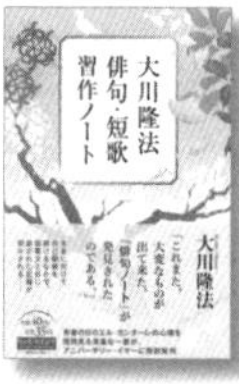

大川隆法
俳句・短歌
習作ノート ★

★…宗教法人幸福の科学刊（会内経典）　☆…幸福の科学出版刊
★の詳細は、最寄りの幸福の科学の精舎・支部・拠点までお問い合わせください。

大川隆法ベストセラーズ・霊的世界の諸相

心眼を開く

心清らかに、真実を見極める

心眼を開けば、世界は違って見える──。個人の心の修行から、政治・経済等の社会制度、「裏側」霊界の諸相まで、物事の真実を見極めるための指針を示す。

1,650円

悟りを開く

過去・現在・未来を見通す力

自分自身は何者であり、どこから来て、どこへ往くのか──。霊的世界や魂の真実、悟りへの正しい修行法、霊能力の真相等、その真髄を明快に説き明かす。

1,650円

鬼学入門

黒鬼、草津赤鬼、鬼ヶ島の鬼の霊言

日本で空前の鬼ブームが起こった背景にあるものとは？ 鬼の実像や正体、桃太郎伝説など、想像やフィクションを超えた、日本霊界の衝撃の真実に迫る！

1,540円

恐怖体験リーディング 呪《のろ》い・罰《ばち》・変化身《へんげしん》の秘密を探る

呪われし血の歴史、真夏の心霊写真、妖怪の棲む家……。6つの不可思議な現象をスピリチュアル・リーディング！ 恐怖体験の先に隠された「真実」に迫る。

1,540円

※表示価格は税込10%です。

大川隆法ベストセラーズ・宇宙の秘密に迫る

UFOリーディング 救世主を護る宇宙存在 ヤイドロンとの対話

「正義の守護神」である宇宙存在・ヤイドロンからのメッセージ。人類が直面する危機や今後の世界情勢、闇宇宙の実態などが、宇宙的視点から語られる。

1,540円

R・A・ゴール 地球の未来を拓く言葉

今、人類の智慧と胆力が試されている──。コロナ変異種拡大の真相や、米中覇権争いの行方など、メシア資格を有する宇宙存在が人類の未来を指し示す。

1,540円

メタトロンの霊言「危機の時代の光」

地球的正義が樹立されない限り、コロナ禍も天変地異も終わらない──。メシア資格を持つ宇宙存在が、地球全体を覆う諸問題や今後の世界の展望について語る。

1,540円

「UFOリーディング」写真集1・2・3

"彼ら"はなぜ地球に来るのか？ そして、何を伝えたいのか？ 宇宙時代の到来を告げる最新UFO情報が満載の「UFOリーディング」写真集シリーズ。

シリーズ最新刊！

各1,650円

幸福の科学出版

幸福の科学グループのご案内

宗教、教育、政治、出版などの活動を通じて、地球的ユートピアの実現を目指しています。

幸福の科学

一九八六年に立宗。信仰の対象は、地球系霊団の最高大霊、主エル・カンターレ。世界百六十カ国以上の国々に信者を持ち、全人類救済という尊い使命のもと、信者は、「愛」と「悟り」と「ユートピア建設」の教えの実践、伝道に励んでいます。

（二〇二一年九月現在）

愛

幸福の科学の「愛」とは、与える愛です。これは、仏教の慈悲《じひ》や布施《ふせ》の精神と同じことです。信者は、仏法真理をお伝えすることを通して、多くの方に幸福な人生を送っていただくための活動に励んでいます。

悟り

「悟り」とは、自らが仏の子であることを知るということです。教学《きょうがく》や精神統一によって心を磨き、智慧《ちえ》を得て悩みを解決すると共に、天使・菩薩《ぼさつ》の境地を目指し、より多くの人を救える力を身につけていきます。

ユートピア建設

私たち人間は、地上に理想世界を建設するという尊い使命を持って生まれてきています。社会の悪を押しとどめ、善を推し進めるために、信者はさまざまな活動に積極的に参加しています。

国内外の世界で貧困や災害、心の病で苦しんでいる人々に対しては、現地メンバーや支援団体と連携して、物心両面にわたり、あらゆる手段で手を差し伸べています。

年間約２万人の自殺者を減らすため、全国各地で街頭キャンペーンを展開しています。

公式サイト **www.withyou-hs.net**

自殺防止相談窓口

受付時間　火〜土:10〜18時（祝日を含む）

TEL **03-5573-7707** メール **withyou-hs@happy-science.org**

ヘレン・ケラーを理想として活動する、ハンディキャップを持つ方とボランティアの会です。視聴覚障害者、肢体不自由な方々に仏法真理を学んでいただくための、さまざまなサポートをしています。

公式サイト **www.helen-hs.net**

入会のご案内

幸福の科学では、大川隆法総裁が説く仏法真理《ぶっぽうしんり》をもとに、「どうすれば幸福になれるのか、また、他の人を幸福にできるのか」を学び、実践しています。

入会

仏法真理を学んでみたい方へ

大川隆法総裁の教えを信じ、学ぼうとする方なら、どなたでも入会できます。入会された方には、『入会版「正心法語《しょうしんほうご》」』が授与されます。

ネット入会 入会ご希望の方はネットからも入会できます。
happy-science.jp/joinus

三帰《さんき》誓願《せいがん》

信仰をさらに深めたい方へ

仏弟子としてさらに信仰を深めたい方は、仏《ぶっ》・法《ぽう》・僧《そう》の三宝《さんぽう》への帰依を誓う「三帰誓願式」を受けることができます。三帰誓願者には、『仏説・正心法語』『祈願文《きがんもん》①』『祈願文②』『エル・カンターレへの祈り』が授与されます。

幸福の科学 サービスセンター
TEL 03-5793-1727
（受付時間／火〜金:10〜20時 土・日祝:10〜18時（月曜を除く））

幸福の科学 公式サイト
happy-science.jp

ハッピー・サイエンス・ユニバーシティ

Happy Science University

ハッピー・サイエンス・ユニバーシティとは

ハッピー・サイエンス・ユニバーシティ（HSU）は、大川隆法総裁が設立された「現代の松下村塾」であり、「日本発の本格私学」です。
建学の精神として「幸福の探究と新文明の創造」を掲げ、
チャレンジ精神にあふれ、新時代を切り拓く人材の輩出を目指します。

人間幸福学部　経営成功学部　未来産業学部

HSU長生キャンパス　TEL **0475-32-7770**
〒299-4325　千葉県長生郡長生村一松丙 4427-1

未来創造学部

HSU未来創造・東京キャンパス
TEL **03-3699-7707**
〒136-0076　東京都江東区南砂2-6-5　公式サイト **happy-science.university**

学校法人 幸福の科学学園

学校法人 幸福の科学学園は、幸福の科学の教育理念のもとにつくられた教育機関です。人間にとって最も大切な宗教教育の導入を通じて精神性を高めながら、ユートピア建設に貢献する人材輩出を目指しています。

幸福の科学学園
中学校・高等学校（那須本校）
2010年4月開校・栃木県那須郡（男女共学・全寮制）
TEL **0287-75-7777**　公式サイト **happy-science.ac.jp**

関西中学校・高等学校（関西校）
2013年4月開校・滋賀県大津市（男女共学・寮及び通学）
TEL **077-573-7774**　公式サイト **kansai.happy-science.ac.jp**

仏法真理塾「サクセスNo.1」

全国に本校・拠点・支部校を展開する、幸福の科学による信仰教育の機関です。小学生・中学生・高校生を対象に、信仰教育・徳育にウエイトを置きつつ、将来、社会人として活躍するための学力養成にも力を注いでいます。

TEL 03-5750-0751（東京本校）

エンゼルプランV

東京本校を中心に、全国に支部教室を展開。信仰をもとに幼児の心を豊かに育む情操教育を行い、子どもの個性を伸ばして天使に育てます。

TEL 03-5750-0757（東京本校）

エンゼル精舎

乳幼児が対象の、託児型の宗教教育施設。エル・カンターレ信仰をもとに、「皆、光の子だと信じられる子」を育みます。
（※参拝施設ではありません）

不登校児支援スクール「ネバー・マインド」

TEL 03-5750-1741

心の面からのアプローチを重視して、不登校の子供たちを支援しています。

ユー・アー・エンゼル！（あなたは天使！）運動

障害児の不安や悩みに取り組み、ご両親を励まし、勇気づける、障害児支援のボランティア運動を展開しています。

一般社団法人 ユー・アー・エンゼル
TEL 03-6426-7797

NPO活動支援

学校からのいじめ追放を目指し、さまざまな社会提言をしています。また、各地でのシンポジウムや学校への啓発ポスター掲示等に取り組む一般財団法人「いじめから子供を守ろうネットワーク」を支援しています。

公式サイト mamoro.org　ブログ blog.mamoro.org
相談窓口 TEL.03-5544-8989

百歳まで生きる会

「百歳まで生きる会」は、生涯現役人生を掲げ、友達づくり、生きがいづくりをめざしている幸福の科学のシニア信者の集まりです。

シニア・プラン21

生涯反省で人生を再生・新生し、希望に満ちた生涯現役人生を生きる仏法真理道場です。定期的に開催される研修には、年齢を問わず、多くの方が参加しています。
全世界212カ所（国内197カ所、海外15カ所）で開校中。

【東京校】 TEL 03-6384-0778　FAX 03-6384-0779
メール senior-plan@kofuku-no-kagaku.or.jp

幸福実現党

内憂外患《ないゆうがいかん》の国難に立ち向かうべく、2009年5月に幸福実現党を立党しました。創立者である大川隆法党総裁の精神的指導のもと、宗教だけでは解決できない問題に取り組み、幸福を具体化するための力になっています。

幸福実現党 釈量子サイト **shaku-ryoko.net**
Twitter **釈量子@shakuryoko**で検索

党の機関紙
「幸福実現党NEWS」

幸福実現党 党員募集中

あなたも幸福を実現する政治に参画しませんか。

○ 幸福実現党の理念と綱領、政策に賛同する18歳以上の方なら、どなたでも参加いただけます。

○ 党費:正党員(年額5千円[学生 年額2千円])、特別党員(年額10万円以上)、家族党員(年額2千円)

○ 党員資格は党費を入金された日から1年間です。

○ 正党員、特別党員の皆様には機関紙「幸福実現党NEWS(党員版)」(不定期発行)が送付されます。

＊申込書は、下記、幸福実現党公式サイトでダウンロードできます。
住所:〒107-0052 東京都港区赤坂2-10-8 6階 幸福実現党本部
TEL **03-6441-0754** FAX **03-6441-0764**
公式サイト **hr-party.jp**

幸福の科学出版

大川隆法総裁の仏法真理の書を中心に、ビジネス、自己啓発、小説など、さまざまなジャンルの書籍・雑誌を出版しています。他にも、映画事業、文学・学術発展のための振興事業、テレビ・ラジオ番組の提供など、幸福の科学文化を広げる事業を行っています。

アー・ユー・ハッピー？
are-you-happy.com

ザ・リバティ
the-liberty.com

幸福の科学出版
TEL **03-5573-7700**
公式サイト **irhpress.co.jp**

THE FACT

ザ・ファクト
マスコミが報道しない
「事実」を世界に伝える
ネット・オピニオン番組

ザ・ファクト 検索

NEW STAR PRODUCTION

ニュースター・プロダクション

「新時代の美」を創造する芸能プロダクションです。多くの方々に良き感化を与えられるような魅力あふれるタレントを世に送り出すべく、日々、活動しています。 公式サイト **newstarpro.co.jp**

ARI Production

ARI《アリ》 Production《プロダクション》

タレント一人ひとりの個性や魅力を引き出し、「新時代を創造するエンターテインメント」をコンセプトに、世の中に精神的価値のある作品を提供していく芸能プロダクションです。 公式サイト **aripro.co.jp**

大川隆法　講演会のご案内

大川隆法総裁の講演会が全国各地で開催されています。講演のなかでは、毎回、「世界教師」としての立場から、幸福な人生を生きるための心の教えをはじめ、世界各地で起きている宗教対立、紛争、国際政治や経済といった時事問題に対する指針など、日本と世界がさらなる繁栄の未来を実現するための道筋が示されています。

0年12月8日 さいたまスーパーアリーナ
ith Savior”（ウィズ・セイビア）―救世主と共に―」

2019年10月6日 ザ ウェスティン ハーバーキャッスル トロント（カナダ）
「The Reason We Are Here」

2019年12月17日 さいたまスーパーアリーナ
「新しき繁栄の時代へ」

2019年3月3日 グランド ハイアット 台北（台湾）
「愛は憎しみを超えて」

2019年7月5日 福岡国際センター
「人生に自信を持て」